CIBERACOSO

Cuando el acosador se introduce por el ordenador

Dr. JUAN MOISÉS DE LA SERNA

Copyright © 2017

www.juanmoisesdelaserna.es

PREFACIO

El Ciberacoso es una modalidad moderna del acoso que puede sufrir cualquier persona, pero especialmente preocupante es la situación cuando se trata de menores. En esta breve guía se presentan las respuestas a las preguntas más importantes sobre esta temática que tiene que tener presente cualquier padre con hijos en edad escolar como son, ¿Qué es el Ciberacoso?, ¿Cómo afecta el Ciberacoso?, ¿Se puede prevenir el Ciberacoso? y, sobre todo, ¿Qué hacer si nuestro hijo está sufriendo Ciberacoso?

Descubra todas las claves sobre el Ciberacoso, con la presentación de los resultados de las últimas investigaciones desde el ámbito de la psicología al respecto.

ÍNDICE

Dedicado a mis padres

AGRADECIMIENTOS

Aprovechar desde aquí para agradecer a todas las personas que han colaborado con sus aportaciones en la realización de este texto, especialmente al Dr. Abel González García, Director del Departamento de Criminología, Universidad a Distancia de Madrid y a Dª Pilar Vecina, Directora del Departamento de Neuropsicología en el Instituto de Investigación y Desarrollo Social de Enfermedades Poco Frecuentes.

AVISO LEGAL

Colección: CiberPsicología
© Juan Moisés de la Serna, 2017

CAPÍTULO 1. INTRODUCCIÓN AL CIBERACOSO

Seguramente habrás oído en los medios de comunicación cómo cada vez más jóvenes se ven implicados en casos de acoso a través de los medios digitales, debido al uso extensivo que se realiza, pero sobre todo al anonimato de la red.

El Ciberacoso consiste en una posición de humillación, chantaje e incluso vejación de una o varias personas sobre otra. Este puede provenir por que sea "diferente" en algo, más alto, más gordo, de un determinado equipo de fútbol...

Si nos fijamos en los resultados ofrecidos por Google, sobre las tendencias de búsqueda del término de ciberacoso, en sus distintas acepciones alrededor del mundo desde el 2004 hasta el 2017, se puede comprobar que el primer país más preocupado sobre ello, es Filipinas, seguido de Australia, Nueva Zelandad; quedando para la séptima posición Estados Unidos, y ocupando la posición número treinta y seis España de los cuarenta y cinco países que componen el resultado de Google, siendo la última posición ocupada por Turquía.

Esto no refleja el número de casos de ciberacoso en función del país, si no las veces que este término ha sido buscado, esto es, puede haber un país en donde se dan pocos casos de ciberacoso pero la población está muy sensibilidad, con lo que tendrá muchas búsquedas en Google al respecto.

O al revés, una población en donde el ciberacoso esté institucionalizado y en cambio exista una escasa conciencia de este problema, y casi no se produzcan búsqueda sobre ello.

A resaltar que entre los diez primeros puestos de países que buscan este término, cinco provienen de los países del llamado primer mundo, como son Australia, Nueva Zelanda, Reino Unido, Estados Unidos y Canadá.

Igualmente señalar que de forma global se ha producido un incremento notable uso de dicho término con los años, quedando en el 2017 por encima del 65% de las búsquedas que se realizaban en el 2004.

Si se realiza un análisis acumulado de tendencia de búsqueda en Google estacional, se puede observar cómo es en los meses de otoño septiembre y octubre cuando se realizan más búsquedas relacionadas con la temática del ciberacoso; mientras que en los meses de verano julio y agosto; y de invierno diciembre y enero, se realizan menos búsquedas al respecto.

El CiberAcoso con contenido sexual también se da, pero no es exclusivo; en muchas ocasiones, el contenido sexual es empleado para el mismo fin de humillación o chantaje, sin ser el objetivo final el acosador.

<<¿Qué es el ciberbullying?

El ciberbullying es un tipo de maltrato y acoso entre escolares que se caracteriza por la utilización de la comunicación a través del ciberespacio para conseguir la exclusión total de la víctima de los grupos de convivencia de su centro escolar.>>
Dr. Abel González García, Director del Departamento de Criminología, U.DI.MA. (Universidad a Distancia de Madrid)

Es de esperar que a medida que la tecnología se populariza, también lo haga las ventajas y desventajas de su uso y abuso, incluido el Ciberacoso; aunque todavía queda mucho por investigar al respecto, debido a que el menor acosado, en muchas ocasiones no denuncia a su acosador por el chantaje que este le está haciendo.
A pesar de esta incertidumbre, algunos gobiernos han tomado medidas para prevenir sus efectos más nocivos para la salud, y que en ocasiones ha llevado al menor a quitarse la vida, por la desesperación de no saber cómo salir de la situación.

<<¿Existe más ciberbullying en los últimos años?
Efectivamente en los últimos años existe más ciberbullying porque existe un uso más intensivo de las herramientas de comunicación en Internet, sobre todo las redes sociales (Twitter, Facebook, Ask.fm, WhatsApp, etc.).
Actualmente casi el 100% de los escolares de más de 10 o 11 años utiliza de manera habitual algún tipo de herramienta tecnológica.
También es lógico que la agresión se esté desplazando hacia este nuevo espacio de relaciones porque existe mayor facilidad para llevar a cabo las agresiones.>>
Dr. Abel González García, Director del Departamento de Criminología, U.D.I.M.A.

Se trata de un problema actual del cual apenas se informa en los medios de comunicación, sólo cuando la policía atrapa a algún ciberacosador o alguna de sus víctimas se suicida; únicamente entonces se le da cierta visibilidad a un problema que va aumentando en los últimos años.

Y para el cual, ni padres ni profesores parecen estar lo suficientemente preparados para detectar los primeros síntomas en la víctima, y desconocen cómo reaccionar adecuadamente para acabar con el problema.

Para ello desde los distintos gobiernos se han implementado políticas de protección al menor y de prevención del Ciberacoso para tratar de detener un fenómeno que parece haberse puesto de moda, el Ciberacoso.

CAPÍTULO 2. ¿QUÉ ES EL CIBERACOSO?

El término Ciberacoso, también conocido como ciberbullying, es una extensión del acoso en los medios tecnológicos, por teléfono o por Internet, por el cual una persona (acosador) trata de minar y socavar la autoestima de otra (acosado o bullied), enviándole mensajes amenazantes, intimidatorios o chantajistas a través de servicios de e-mail o mensajería instantánea (tipo chat o messenger), S.M.S. o las redes sociales.

Antes de que se extendiese el uso de la tecnología, en el fenómeno de bullying o acoso se producía un encuentro cara a cara entre el acosador y el acosado, acompañado de insultos, amenazas y burlas, pudiendo además desembocar en la agresión física como modo de conseguir aquello que quería el acosador.

Algunos expertos distinguen entre Ciberacoso y ciberbullying, siendo el primero aquel que se produce mediante el uso de nuevas tecnologías; restringiendo el término de ciberbullying únicamente a los casos en que el acoso se realice entre menores utilizando para ello los medios tecnológicos.

Es especialmente preocupante el creciente número de casos entre adolescentes, por ejemplo, en España, casi un tercio de los menores de 17 años afirma haber sufrido Ciberacoso, e incluso el 19% reconoce haber insultado en la red. En LatinoamÉrica, según datos de la U.N.E.S.C.O., más del 50% de los alumnos de primaria ha sido víctima de acoso escolar, un peligro que se potencia en la red.

Una realidad que algunos estudios señalan que afectan a uno de cada tres estudiantes mayores de 17 años en EE.UU., cifra que a nivel mundial va del 17 al 48% de afectados.

A pesar de su gravedad, sobre todo cuando afecta a menores, no es de los delitos cibernéticos más dañinos y comounes, como en el caso del robo de identidad, los spammers...

Todavía recuerdo, en una de mis estancias de investigación en la Universidad de Guadalajara (México) como en el tablón de anuncios próximo a la entrada, tenían puesto un aviso permanente, informando de que, si recibían un e-mail proveniente de Banamex (uno de los bancos más extendidos y grandes en México) no le hiciesen caso.

De hecho, detallaban, que en el e-mail solicitan la clave de reactivación de la cuenta, y que, para ello, debían de introducir los datos de su cuenta, además de los personales.

La "trampa" consiste en que los usuarios son redireccionados mediante un enlace cuando pulsan en el e-mail, hacia una página falsa, pero con la misma apariencia que la oficial.

Tras introducir todos los datos personales y de la cuenta, y darle enviar, reciben un mensaje diciendo que todo está conforme, y que puede seguir usando su cuenta.

Lo que no saben es, que ese e-mail nunca fue enviado desde una institución bancaria, y que los datos entregados "voluntariamente", están disponibles para los ladrones de identidad o ciberdelicuentes.

Un delito que con anterioridad se realizaba vía postal, cuando se solititaban los datos para la suscripción a una revista o diario; y que hoy día se sigue realizando a pie de calle, donde una persona, identificada como miembro de una institución de ámbito solidario, requiere datos personales y de cuenta, para una supuesta suscripción, cuando la realidad es, que dicha institución nunca contrató a esta persona para que recogiese esos datos.

Con lo que el resultado final es el mismo, se ceden de forma "voluntaria" datos personales y bancarios, que no sabes al final que van a hacer con ello.

A diferencia de otros delitos informáticos, en donde el agresor trata de no dejar "huella" de sus actos, por ejemplo, al sustituir la identidad de alguien, o al acceder a su información personal o a su número de cuenta; en el Ciberacoso, existe un enfrentamiento directo entre el acosado y el acosador, aunque manteniendo el anonimato de este segundo, esto es, el acosador quiere que el acosado sepa que está sufriendo un acoso, y que no puede hacer nada por evitarlo, como forma de hostigamiento y castigo; una forma de poder, que quiere dejar evidenciado en este contacto.

Es raro que el ciberacoso pueda provenir de más de una persona, a diferencia del bullying o acoso escolar, e incluso el acoso laboral, donde puede provenir de dos o más compañeros.

Otra diferencia entre el ciberacoso y el acoso directo, es que en este segundo, los otros, ya sean compañeros de escuela o de trabajo, sirven como fuente de apoyo y sostén a la situación, siendo mucho más que testigos del acoso, pues en ocasiones participan fomentándolo, o incluso justificándolo, por lo que el acosador, se siente legitimado en sus acciones, al no recibir ningún tipo de reprimenda o rechazo por parte del grupo.

En cambio, en el Ciberacoso, no existe el otro, pues no hay un deseo de notoriedad o de presumir delante de los demás; el otro, simplemente ha desaparecido, por lo que la conducta, se mantiene y retroalimenta, por el sentimiento de poder que le confiere el tener una persona sufriendo por lo que le hace el ciberacosador.

<<¿Cuándo y cómo debe de actuar la policía en el caso del ciberacoso?
Cuando se es consciente de que una persona ha sido víctima de una situación de este tipo, como referíamos anteriormente, debe presentarse en la policía con las pruebas pertinentes para que le sea emitida una denuncia contra la persona o perfil del que ha recibido el hostigamiento. Debe describir las acciones vejatorias o intimidaciones a las que ha sido sometida, además de estipular el tiempo que dichas actuaciones han sido llevadas a cabo.>>
Pilar Vecina, Directora del Departamento de Neuropsicología en el Instituto de Investigación y Desarrollo Social de Enfermedades Poco Frecuentes.

Existen diferencias en cuanto a la resolución entre el acoso directo y el ciberacoso, en el primer caso, la denuncia a un jefe o en el caso de la escuela, al profesor, puede ser suficiente para detenerlo, mientras que en el segundo, no existe una autoridad clara que pueda frenar dicho delito.
De ahí que muchos gobiernos estén implementando nuevas políticas para tratar de frenar estas acciones, sobre todo aquellas que van dirigidas contra menores por parte de adultos, que buscan mucho más que humillar al acosado, lo que les puede llevar al suicidio incapaces de soportar el chantaje al que se ven sometidos.
Varias son las propuestas que tienen sobre la mesa los diversos gobiernos, desde la creación de un cuerpo especializado de la policía, encargada de identificar a los acosadores, para romper así con su anonimato en la red; o leyes de enjuiciamiento criminal, especialmente creadas para tratar estos casos, en los que se llega a establecer incluso condena de cárcel a los ciberacosadores, como forma de "disuadir" este comportamiento, pero también de castigo a los reincidentes.

Por lo comentado hasta ahora, queda claro que el mecanismo para frenar un Ciberacoso es mucho más difícil que el acoso en persona, es por ello que la denuncia debe de ser lo antes posible, para que las autoridades competentes puedan actuar y evitar de esa forma daños mayores.

<<¿Cuándo y cómo debe de actuar los juzgados en el caso del ciberacoso?
En este caso, depende de la gravedad y el alcance de los hechos. Se sabe que, a partir de los 14 años, el menor es imputable, por lo que las acciones por parte de la justicia, también dependerán de la edad del acosador. En caso, como por ejemplo, del fenómeno del gromming, engatusamiento llevado a cabo por un adulto (haciéndose pasar por un menor), para establecer un vínculo socioemocional y abusar de él, las sanciones son diferentes, por ser un adulto el responsable de las acciones intimidatorias, si las comparamos con un adolescente de 16 años que ha enviado algún tipo de foto erótica de la víctima.
En cualquier caso, lo importante es denunciar para que se haga justicia, ya que la identidad de la persona, se encuentra seriamente dañada, independientemente del tipo de ciberacoso del que estemos hablando.>>
Pilar Vecina, Directora del Departamento de Neuropsicología en el Instituto de Investigación y Desarrollo Social de Enfermedades Poco Frecuentes.

CAPÍTULO 3. PERFIL DEL ACOSADO Y DEL ACOSADOR

El Ciberacoso se trata de una situación de poder, normalmente se busca la humillación, el chantaje e incluso vejación de la otra persona. Todo ello con la "impunidad" de saber que no será descubierto, y que no tendrá ningún castigo, ya que para el ciberacosador es suficiente con apagar su equipo y no volver a conectar con esa víctima.

<<¿Existen diferencias en el perfil entre los que sufren acoso en el colegio y quien sufre ciberacoso?

Las afectaciones suelen ser muy similares. En ambos perfiles se producen cambios significativos a nivel físico o somático (trastornos gastrointestinales, dolor de estómago, pérdida de peso...), a nivel psicológico (sentimiento de culpabilidad, disminución de la autoestima, cambios emocionales y conductuales significativos...), a nivel social (aislamiento, resistencia a salir de casa...) e incluso en la reestructuración de los hábitos que previamente había adquirido.

Un aspecto diferenciador que hemos observado en consulta es que, por ejemplo, algunos perfiles que han sufrido algún tipo de ciberacoso, suelen desarrollar fobia a las tecnologías. Se detecta que con solo escuchar la palabra "ordenador o móvil", se desencadena una fuerte y marcada sintomatología ansiógena, susceptible de ser tratada. >>

Pilar Vecina, Directora del Departamento de Neuropsicología en el Instituto de Investigación y Desarrollo Social de Enfermedades Poco Frecuentes.

Una de las ventajas de determinar los perfiles de las víctimas, es la posibilidad de establecer planes de prevención, prestando especial atención a la población más vulnerable, pero ¿Cuál es el perfil de quien sufre bullying o acoso escolar?

Esto es lo que se ha tratado de averiguar desde C.F.K. Salud Pública y Calidad de Mejoramiento de la región central de Dinamarca; la Universidad de Estudios Clínicos; la Universidad de Parken y la Universidad de Aalborg (Dinamarca) cuyos resultados han sido publicados en la revista científica B.M.C. Psychology.

En el estudio participaron tres mil seiscientos ochenta y un alumno, con edades comprendidas entre los 14 a 15 años. Estos mismos alumnos fueron evaluados a la edad de los 17 a 18 años, pero únicamente completaron el estudio dos mil ciento ochenta y un alumno.

De los cuales, en esta segunda medida, ciento veinticinco estaban trabajando, trescientos cuarenta y ocho tenían un contrato de aprendiz, mil trescientos cinco compaginaban estudios y trabajo y cuatrocientos setenta y ocho no tenían trabajo.

De todos ellos se obtuvieron datos demográficos, como los ingresos familiares, nivel educativo de los padres...
A los participantes se les hicieron tres preguntas en los dos momentos de medida, donde debían identificar si estaban sufriendo bullying, y de ser así con qué frecuencia lo sufrían.
Igualmente tuvieron que contestar un cuestionario estandarizado sobre la relación del joven con la familia a través del Parental Bonding Instrument y de la escala F.A.D.-G.F. (Family Assessment Device - General Functioning).
Se evaluaron dos marcadores de salud, como fueron el número de cigarrillos que consumían diariamente y la presencia o no de sobrepeso.
Por último, se evaluó la personalidad de los adolescentes mediante una escala de autoestima, el Rosenberg's Global Self-Esteem Scale y el Brief C.O.P.E. Scale para evaluar la capacidad de afrontamiento de las situaciones estresantes.
Los resultados informan de una reincidencia en las víctimas que ya sufrieron bullying, pero que ahora lo sufren en el ámbito laboral.
Los autores analizaron las características implicadas en esta reincidencia, y determinaron que los que más lo sufren son aquellos que muestran bajos niveles de autoestima, con unos padres sobreprotectores, un nivel socio económico intermedio y bajo sentido de la coherencia.
En cuanto al perfil diferencial entre una persona que sufre acoso directo y una que sufre Ciberacoso, no parecen existir demasiadas diferencias, incluso algunas investigaciones apuntan a que aquellos que habían sufrido acoso escolar, son con posterioridad más propensos a convertirse en víctimas de Ciberacoso.
Los motivos no parecen claros, aunque la baja autoestima del acosado, y en ocasiones un fuerte sentimiento de victimización, pueden ser el germen para convertirse en ciberacosado.

<<¿Cuál es el perfil del Acosado?

Aquí hay un fenómeno interesante y es que hay un porcentaje más elevado de víctimas-agresores que en el plano tradicional (bullying), se puede deber a que en el ámbito online las víctimas tienen mejores recursos para enfrentarse a las agresiones.
En cuanto al perfil, poco difiere del de las víctimas de bullying:
- Víctimas pasivas (que no responden a las agresiones y en algunos casos ni siquiera son conscientes que son víctimas)
- Víctimas-agresoras, con mayor impulsividad y menor autoestima que el resto de estudiantes, además considera que en Internet todo está permitido y por eso ve las facilidades para la agresión.>>
Dr. Abel González García, Director del Departamento de Criminología, U.DI.MA.

El convertirse en ciberacosador, tiene que ver mucho con su forma de comportarse y de cómo percibe el "éxito" del acoso. Según Bamford existen cinco tipos de ciberbullying:
- De anonimato, donde el agresor oculta su identidad.
- Incendiarios o trolls, que buscan la provocación del otro.
- De acoso, propiamente dicho, donde existe una acción directa de ofender.
- De exhibicionismo, donde muestra material privado (normalmente de contenido sexual) sin autorización del dueño.
- De exclusión, que busca aislar a una persona.
Esto quiere decir, que a pesar de que se hable de un perfil de acosador, este va a ir variando en función de la forma de actuar, el objetivo, la víctima...

<<¿Cuál es el perfil del Acosador?

En este caso también existen diferencias con el papel de los acosadores exclusivos del ámbito offline: en el ciberbullying existe un porcentaje de agresores que únicamente lo hace en el ciberespacio, es decir, no lo realiza en el ámbito tradicional. Puede ser así porque ve mayores facilidades para la agresión online (anonimato, herramientas digitales de uso sencillo, rápida difusión...).>>
Dr. Abel González García, Director del Departamento de Criminología, U.DI.MA.

En los últimos años se ha popularizado entre los más jóvenes la práctica del sexting, el cual es definido como el hecho de compartir a través de internet textos, fotos o vídeos de contenido sexual, una práctica que va unida al incremento del número de horas que los jóvenes pasan delante del ordenador.

Algo que no se ha visto como un problema hasta ahora, ya que se desconoce la magnitud, donde algunos estudios apuntan entre un 3 a un 32% según la edad, y de cuyos efectos se desconoce cómo afecta a los jóvenes, ¿Sabes si tus hijos hacen sexting?

Esto es precisamente lo que se ha tratado de averiguar con una investigación realizada desde la Universidad Autónoma de Madrid (España) junto con la Universidad Nacional de Entre Ríos (Argentina) cuyos resultados se han publicado en la revista científica Psicothema.

En el estudio participaron tres mil doscientos veintitres adolescentes, de los cuales el 49,9% eran mujeres, con edades comprendidas entre los 12 a 17 años.

Entre las características de esta población es que pasa una media de 2,21 horas diarias y 3,02 los fines de semana dedicados al ocio en internet, es decir excluido el tiempo dedicado a realizar sus actividades escolares.

Con respecto a las redes sociales, la más usada es Instagram (64.8%), seguida de YouTube (61.5%), WhatsApp (33.8%), Snapchat (18.3%), Twitter (13.6%) siendo la menos usada Facebook (11.9%).

A todos ellos se les administró el cuestionario estandarizado para detectar conductas de sexting durante el año precedente denominado Sexting Questionnaire, para evaluar distintas características de personalidad se empleó el G.S.O.E.P. (Sexting Questionnaire e German Socio-Economic Panel) junto con el BF.I.-S. (Big Five Inventory).

Los resultados muestran que el 13,5% de los jóvenes han practicado sexting en el último año, siendo un 10,8% los que han mandado mensaje, un 7,1% los que han compartido fotos, y un 2,1% los que han compartido webcam con contenido sexual.

Únicamente observándose diferencias significativas en función del género en cuanto al envío de textos de contenido sexual, siendo en mayor medida en hombres (12,1%) frente a las mujeres (9,4%).

Existiendo un incremento significativo de las prácticas de sexting a medida que avanza la edad de los menores, pasando del 3,4% de sexting con 12 años a 36,1% a la edad de los 17 años.

Con respecto a las características de personalidad presentes en la práctica del sexting señalar una correlación positiva significativa con el Neuroticismo y negativa con la Extraversión.

Es decir, aquellos jóvenes con altos niveles de Neuroticismos eran los que llevaban más prácticas de sexting, igualmente los que tenían altos niveles de Extraversión eran los que menos sexting compartían.

Hay que tener en cuenta que los resultados se obtienen de las declaraciones de los menores, y no así del registro de sus cuentas para extraer información directamente, con lo que corroborar hasta qué punto se produce o no el sexting, debido al problema de la deseabilidad social, por el cual el participante manipula la respuesta contestando en función de lo que cree que se espera socialmente, por ejemplo, no reconociendo el número exacto de la práctica de sexting.

A pesar de lo anterior, cabe indicar que los datos son cuanto menos preocupantes, uno de cada tres jóvenes, entre los 17 a 18 años usa frecuentemente el sexting, algo que da muestras de una falta de desarrollo personal.

Por lo que sería bueno establecer planes de formación hacia los más jóvenes para que aprendan a relacionarse con los demás de forma adecuada, sobre todo con el sexo contrario.

Hay que tener en cuenta que esta práctica, a parte de la influencia que pueda tener sobre el desarrollo sexual de la persona, deja más expuesto al usuario a sufrir ciberacoso de la modalidad de exhibicionismo, donde el ciberacosado se hace con material privado (normalmente de contenido sexual) y lo distribuye en la red sin autorización del dueño.

CAPÍTULO 4. SÍNTOMAS DEL CIBERACOSO

Cuando se produce el Ciberacoso se van a presentar una serie de síntomas que pueden dar pistas a sus familiares y profesores de que algo le está sucediendo al alumno, teniendo en cuenta que cuanto más tiempo esté expuesto al ciberbullying, más graves serán los síntomas, como estrés o ansiedad, acompañados de sentimientos de impotencia, ira, fatiga y desánimo generalizado.

Además de las consecuencias en la vida privada del acosado o bullied, se van a mostrar una serie de mermas en las relaciones sociales, tanto familiares como con los compañeros; igualmente el desempeño escolar va a reducirse debido a esta falta de interés y fatiga que le acompañan. Es precisamente esta repentina bajada del rendimiento lo que puede dar pistas a los padres o profesores sobre que algo no va bien.

Igualmente se va a producir un descenso en la autoestima, sintiéndose indefenso y culpable, al ver cómo se ataca a su vida íntima y personal, sin saber cómo ponerle freno; pudiendo generar cambios en la personalidad del acosado, apareciendo actitudes hostiles, suspicaces y hasta obsesivas.

Si se mantiene el Ciberacoso en el tiempo, estos síntomas pueden traducirse en verdaderas enfermedades, ya sean físicas, debido a la somatización de la presión, la falta de sueño o dolores tensionales; e incluso psicológicas, con la presencia de episodios depresivos o ansiosos, que pueden desencadenar en un trastorno de depresión mayor o por estrés postraumático respectivamente.

Un comportamiento esquivo y errático, problemas en la conciliación del sueño o exceso de cansancio, son los primeros síntomas que pueden ayudar a los padres a detectar el Ciberacoso.

Mostrándose más inquieto e incluso irascible, retrayéndose de los demás, y pasando más tiempo conectado a Internet sin que deje a nadie saber lo que está haciendo.

Con posterioridad se irán produciendo poco a poco conductas introvertidas, el aislamiento social y la reducción del rendimiento, que deben de ser "pistas" para los profesores de que su alumno está teniendo un problema.

Los compañeros por su parte van a observar cómo les dedica menos tiempo, incluso en las redes sociales, ya que el acosador suele querer "acapararlo".

<<¿Qué diferencia al ciberbullying del bullying? Algunos investigadores consideran que es una forma de bullying indirecto, pero hay otra parte de investigación que lo considera un fenómeno diferenciado porque tiene las siguientes características:
- llega a una audiencia mayor (no sólo a las personas del círculo del centro escolar).
- el agresor no percibe la gravedad de la agresión (porque no ve la reacción de la víctima)

- la víctima no tiene lugares donde esconderse, incluso no es consciente de que están siendo víctima (por ejemplo en el caso de la usurpación de identidad para crear perfiles de redes sociales falsos).
También existe una horquilla de un 12-20% de agresores que solo acosan en el ciberespacio.
Por otro lado, también existe un índice más extenso de agresores víctimas en el ámbito online.>>
Dr. Abel González García, Director del Departamento de Criminología, U.DI.MA.

CAPÍTULO 5. CONSECUENCIAS DEL CIBERACOSO

Se trata de una situación de estrés muy importante, para el que uno no suele estar preparado, y además cuenta con el aliciente de que el acosador siempre va a tratar de que "no se lo diga a nadie" como estrategia de presión.

Esta presión va a verse reflejada tanto a nivel educativo, en su desempeño, como en las relaciones sociales, e incluso en su autoestima.

Cuando se trata de un adulto, este tiene mayores recursos para tratar de evitar aquella situación, incluso "cortando" cualquier comunicación a través de Internet.

El que sea hombre o mujer no parece "importarle" demasiado al acosador, ya que va buscando perfiles de personas "más vulnerables", dependientes emocionalmente o que no están lo suficientemente informadas y preparadas para saber dar respuesta al acoso.

El ciberacosado puede llegar a sufrir mucho emocionalmente, tanto a nivel psicológico como físico, presentando en ocasiones enfermedades psicosomáticas. La aparente "imposibilidad" de salir de la situación de acoso va a ir minando la autoestima del cibereacosado, haciendo que cada vez confíe menos en sus propias posibilidades y convirtiéndolo en víctima.

<<¿Qué consecuencias conlleva el Ciberbylling? En algunas ocasiones las consecuencias son de mayor calado porque aunque cambie de centro escolar sigue sufriendo el acoso, no hay límites en el ciberespacio. Las consecuencias de un acoso reiterado pueden llegar a generar problemas de salud a largo plazo (depresión) e incluso crear un tipo de personas sin recursos para enfrentarse a situaciones de victimización en su adultez (mobbing, violencia en la pareja,...) porque han aprendido a perder siempre y a no recibir ayuda.>> Dr. Abel González García, Director del Departamento de Criminología, U.DI.MA.

El estrés provocado por la situación continuada de ciberacoso, va a tener una serie de consecuencias, siendo estas más graves en el caso del menor ya que está más desprotegido pues no tiene conformada su personalidad, experimentando una reducción de la autoestima lo que va a afectar a su estado de ánimo, el rendimiento escolar... además pueden llegar a sufrir trastornos psicosomáticos.
Éstos son manifestaciones físicas de enfermedad producido por conflictos internos, los cuales van a ir cambiando en función de la edad:
- En los más pequeños, de cero a 6 meses, se restringe prácticamente al área de la alimentación, con cólicos, vómitos e incluso anorexia, además puede ir acompañado de insomnio (área neurológica) y atopías (área dermatológica).
- De seis a 12 meses, el área de la alimentación cambia hacia las diarreas rebeldes, colitis ulcerosas, rumiaciones o mesmerismo; incorporándose el área de la respiración con asmas y espasmos de sollozo.

- En la infancia (más de 12 meses) y la adolescencia, se mantienen las afecciones del área de la respiración, cambiando en el área de la alimentación a anorexia y bulimia, obesidad, ulcus, caprichos alimenticios o abdominalgia; ampliando el abanico en el área neurológico con algias, migrañas, y síntomas de Gilles de Tourette; y mostrando nuevas patologías, como en el área endocrino, con retraso psicógeno del crecimiento o diabetes; el área de la excreción, con enuresis, estreñimiento, encopresis o megacolón; y en el área de la dermatología con alopecias, psoriasis, tricotilomanía, acné, dermatitis o puritos.

A medida que crece la persona, se va ampliando la variedad de síntomas psicosomáticos que puede experimentarse, algunos autores lo explican debido a un mejor conocimiento del esquema personal del propio cuerpo y, por tanto, en un mayor dominio de él.

<<¿Deja secuelas el haber sufrido ciberacoso? Rotundamente sí. En consulta vemos y valoramos afectaciones realmente importantes, donde la víctima ha sufrido graves trastornos depresivos, ansiosos, de estrés postraumático, fobias específicas, etc. Por estos motivos, los profesionales de la salud, recomendamos que se inicie de la manera más pronta posible una intervención con los profesionales de la salud mental (psiquiatra y psicólogo), donde evalúen qué daños se observan en la víctima, de modo que pueda iniciarse el proceso de recuperación con la menor brevedad posible.>>
Pilar Vecina, Directora del Departamento de Neuropsicología en el Instituto de Investigación y Desarrollo Social de Enfermedades Poco Frecuentes.

CAPÍTULO 6. ¿QUÉ HACER ANTE EL CIBERACOSO?

Una vez identificado el problema, y detenido el ciberacoso, todavía queda lo más difícil, y es que el joven vuelva a tener una vida lo más normal posible. Ya que, simplemente acabar con el ciberacoso, no va a devolver al adolescente su autoestima. Se requiere de un trabajo posterior, preferentemente con un especialista, garantizando así que no van a quedar "secuelas" de la situación de agresión vivida.

Si no se trata adecuadamente, la persona va a mostrar cambios en su comportamiento, su nivel de ansiedad e incluso problemas para conciliar el sueño durante mucho tiempo.

Cuando uno mismo empieza a recibir amenazas o insultos a través de la red, o conoce a quien lo recibe, es importante que se le comunique a una persona que pueda poner freno a dicha situación, ya sea al profesor o a los padres, en caso de un menor. Éstos deberán adoptar las medidas oportunas que pueden ir desde la retirada del acceso a Internet al menor, como la denuncia pertinente ante los juzgados para que las autoridades adopten las medidas oportunas.

Para ello cada país está desarrollando su propio plan de actuación ante los casos de Ciberacoso o ciberbullying, donde se coordinan los cuerpos judiciales y policiales, identificando al agresor y adoptando primero medidas disuasorias, y en caso de no cesar el acoso, otras de tipo penal que pueden llevar incluso a la privación de libertad.

<<¿Qué hacer cuando se detecta el ciberbullying?
Lo difícil es la detección, pero poner el acento en pequeños problemas puede hacer que seamos capaces de prevenir casos más graves de acoso, porque es un proceso que va de menos a más.>>
Dr. Abel González García, Director del Departamento de Criminología, U.DI.MA.

Lo fundamental, es que se detecte lo más pronto posible, pues los efectos que va a tener sobre el ciberacosado van a ser menores, y el proceso de recuperación será más rápido y efectivo, ya que se habrá evitado con ello la aparición de síntomas crónicos que desencadenen en trastornos psicológicos, más difíciles de superar.

Si se trata de un menor, lo primero es comunicarlo a los padres, y que estos "tomen carta en el asunto", si este ciberbullying proviene de los compañeros de clase, hay que comunicarlo al centro para que adopte las medidas oportunas.

Si ni los padres ni la escuela consiguen "frenar" esta situación, hay que ponerse en contacto con las autoridades para que ellos se encarguen de estudiar el caso, identificar y sancionar al acosador.

A parte de organismos dedicados a la información como medio de prevención del ciberacoso, existen unidades de la policía especializadas en rastrear Internet, de identificar quién es el acosador, y de formular ante las autoridades judiciales la denuncia pertinente para detenerle y castigarle, cuando un juez así lo estime adecuado.

A pesar de ser un fenómeno relativamente novedoso, la realidad es que algunos países ya han adoptado una normativa para que todo este proceso sea rápido y sencillo de llevar a cabo, y cuando interviene la policía especializada, el éxito en la identificación y detención del ciberacosador está garantizada.

Las normas sancionables y punibles por este tipo de delito, también están reguladas actualmente, tanto si incluyen contenido sexual como si no lo hacen. Todo ello en defensa de la intimidad de la persona, y para que se produzca una tutela efectiva de sus derechos.

<<¿Qué hacer cuando se detecta el ciberacoso? Cuando se detecta el acoso lo primordial es cuidar a la víctima, ya que cabe la posibilidad de que ésta esté en una gran situación de indefensión y, a nivel psicológico, pueden existir una serie de factores de riesgo que, en mayor o menor medida, podrían desencadenar un grave trastorno psicológico, en el caso de que no esté presente en el momento en que sabemos que la persona ha sido víctima de ciberacoso. Algunas de las pautas son:
* Aceptación y comprensión incondicional.
* Escucha activa y respeto. Darle su tiempo. No cuestionar lo que nos detalla.
* Empatía (ponerse en su lugar). Evitar juzgar: "entiendo que tuvo que ser muy difícil para ti vivir esa situación diariamente".
* Ofrecer protección y acompañamiento.
* No culpabilizarle ni reprocharle. No decirle lo que debería haber hecho y no hizo.
* Preguntas abiertas para favorecer la expresión fluida y evitar monosílabos, ¿te insultaban por Facebook? por ¿en qué redes te solían intimidar?
* Trabajo conjunto familia-centro educativo.
* Trazo de un plan.

* Búsqueda de la ayuda de expertos. Líneas de ayuda: p.e. Fundación Alia2, Fundación ANAR...Profesionales de la salud mental.
En casos graves: denuncia. Fiscalía de menores, policía, guardia civil. Consultas telemáticas.
En lo que respecta al ámbito familiar, es de suma importancia la intervención, ya que, en la mayoría de las ocasiones, los padres son inundados por un gran sentimiento de culpa, por no haberse dado cuenta de lo que estaba pasando.
Es de gran importancia denunciar y recabar todas las pruebas posibles que existan respecto al hostigamiento, chantaje o maltrato verbal, psicológico y/o social que se haya llevado a cabo contra la víctima.>>
Pilar Vecina, Directora del Departamento de Neuropsicología en el Instituto de Investigación y Desarrollo Social de Enfermedades Poco Frecuentes.

Por si el estrés de la escuela no es suficiente, con tantas materias para estudiar, además está siendo cada vez más generalizadas las situaciones de acoso a través de Internet.
Si ya de por sí durante la preadolescencia y la adolescencia se ha visto en la última década un incremento notable de casos de acoso escolar, hoy en día esta nueva modalidad de acoso, que, a pesar de no ser de frente, sí tiene las mismas consecuencias negativas para el acosado, tanto en la salud psicológica como física, que ha llevado incluso a perder la vida alguno de ellos, debido a la desesperación que genera.
Por suerte, en los últimos años se ha incrementado la conciencia desde distintas instituciones por los programas de prevención y de educación, tanto a los jóvenes para que denuncien, como en los padres y profesores para saber dar respuesta a una situación nueva hasta ahora para ellos, pero si la escuela se está convirtiendo en el lugar más "propicio" para este tipo de acoso, ¿Se puede enfrentar el Ciberacoso desde la propia escuela?

Esto es lo que se ha tratado de averiguar desde la Universidad de Regents junto con la Universidad de Londres (Inglaterra) cuyos resultados han sido publicados en la revista científica International Journal of Emotional Education.

En el mismo participaron veinte estudiantes universitarios con edades comprendidas entre los 21 a 30 años, de los cuales diecisiete eran mujeres, a los cuales se les dividió en tres grupos, entre el acosado, el acosador y el "público". A cada uno de ellos se les dio un papel (role-play) que debían interpretar y ponerse en la "piel" de su personaje, comentando entre los miembros del grupo los sentimientos y emociones que eso le genera, para por último hacer una puesta en común de los distintos grupos

Los resultados cualitativos sugieren que los alumnos se identifican fácilmente con el papel del acosador, considerando al acosado como responsable de su situación, sintiéndole como fracasados y marginados, siendo difícil ponerse en el papel del acosado.

Lo que indica que es necesario trabajar sobre la figura del acosador y la violencia que entraña, como algo "socialmente aceptable" en un mundo competitivo, igualmente hay que trabajar en la imagen del acosado, para poder transmitir correctamente su papel, como víctima y no como una "perdedora social".

Aunque los resultados son reveladores en cuanto a los sentimientos sobre los que hay que trabajar, todavía hay que transformarlo en un programa de intervención educativa que pueda ser incorporado a otras escuelas y universidades, con lo que combatir de forma efectiva esta "epidemia" del Ciberacoso que hasta ahora no parece frenarse si no es mediante la denuncia a la institución policial correspondiente.

<<¿Existe algún procedimiento que puedan seguir padres o profesores?

El procedimiento en ambos casos, a grandes rasgos, es el anterior. En cualquier caso, a nivel de centro escolar, es conveniente aprovechar la situación para que la víctima sea apoyada por sus iguales y por los docentes, de modo que valore su entorno escolar como positivo y lugar de confianza, en lugar de un medio adverso donde se le juzgará. Sería de gran importancia para concienciar a los menores de los riesgos existentes en las Nuevas Tecnologías de la Información y la Comunicación.>>
Pilar Vecina, Directora del Departamento de Neuropsicología en el Instituto de Investigación y Desarrollo Social de Enfermedades Poco Frecuentes.

CAPÍTULO 7. INTERVENCIÓN TERAPÉUTICA EN EL CIBERACOSO

Las víctimas del Ciberacoso o ciberbullying, una vez que ha cesado éste, deben de aprender poco a poco a recuperar su autoestima, así como la confianza en las relaciones interpersonales, antes de volver a la vida que llevaba. Se trata de un proceso lento, que dependerá mucho del tiempo en que ha estado expuesto al ciberacoso y de la merma que ha producido en su personalidad.

Será preciso en todo caso que la víctima del Ciberacoso esté acompañada en este proceso de reestructuración de su vida por un psicólogo, que le enseñará y ayudará a enfrentarse a situaciones de estrés, a la vez que trabaja para reforzar su autoestima, buscando además la rehabilitación de las relaciones sociales, así como volver a recuperar un normal desempeño en sus tareas académicas, para lo cual se utilizarán una serie de técnicas como:
-Entrenamiento en inoculación de estrés.
-Terapia cognitivo-conductual.
-Terapia ocupacional.
Igualmente, el tratamiento puede implicar el uso de psicofármacos para tratar los trastornos que pudieran haber surgido por el Ciberacoso, con el objetivo de reducir sus síntomas, empleando para ello antidepresivos o ansiolíticos según sea el caso, reduciendo su dosis a medida que la persona va recuperando el control de su vida y de sus sentimientos, volviendo a llevar una rutina lo más normal posible...

<<¿Cuál es el tratamiento indicado para una víctima de ciberacoso?
No hay una intervención terapéutica específica, ya que los objetivos de tratamiento y las orientaciones de cambio dependen de la evaluación previa de la persona. Hay que establecer una línea de base para priorizar el tratamiento de lo más disfuncional o desadaptativo que encontremos en el paciente.
En cualquier caso, se sabe que, por los estudios que se han realizado y por mi experiencia profesional, hay determinados aspectos comunes que se convierten inevitablemente en objetivos de intervención, tales como: la autoestima y el autoconcepto, las habilidades sociales e interpersonales, la comunicación asertiva, la expresión emocional, los pensamientos distorsionados, la tolerancia a la frustración, etc.>>
Pilar Vecina, Directora del Departamento de Neuropsicología en el Instituto de Investigación y Desarrollo Social de Enfermedades Poco Frecuentes.

Todo ello busca fortalecer aquellas áreas afectadas por los elevados niveles de estrés que ha experimentado por el ciberacoso, además de las humillaciones y vejaciones que puede haber tenido que soportar.

Hay que tener en cuenta que se trata en muchos casos de jóvenes en formación, donde aspectos tan importantes como la personalidad y la autoestima dependen del éxito de las relaciones sociales con sus iguales, y precisamente el ciberacoso incita y provoca el aislamiento, en ocasiones por vergüenza, en otras por no saber cómo expresar lo que le pasa, pero también debido a las constantes amenazas que recibe.

Es importante tener en cuenta que en muchos casos existe una diferencia de edad entre el acosador y acosado, lo que permite a este primero tener más experiencia a la hora de conseguir lo que quiere, mintiendo y engañando al adolescente.

Este va a ser un aspecto importante a trabajar en terapia cuando se haya conseguido acabar con el acoso, la recuperación de la confianza del acosado en otros, saberse "abrir" a nuevas amistades y conocidos; sin temor a que vuelvan a acosarle, pero no se trata de que vuelva a hacer amistad con cualquier desconocido, situación que le llevó a sufrir acoso; si no que aprenda a distinguir entre los contactos, aquellos con los que puede tener amistad, y los "desconocidos".

Al igual que las madres decían de pequeño "No hables con extraños", se debe de aplicarlo al mundo de internet, no es que sea "malo" hablar con extraños, pero sí pensar que ese "extraño" puede ser alguien cercano con el que compartir intimidades.

Aunque debería de haberse realizado antes, hay que educar al joven acosado a saber cómo manejar de forma "adecuada" la tecnología, cómo protegerse de las "malas intenciones" y sobre todo cómo y a quién acudir cuando tengan algún problema; para evitar una nueva situación de acoso.

Y todo ello mientras se trata por "recuperar" los niveles de autoestima, a la vez que se trabaja en los rasgos afectados de la personalidad, de forma que se le posibilite un desarrollo lo más "normal" posible.

Si bien cuando uno piensa en ciberacoso, lo suele hacer en la víctima, que va a recibir todo tipo de insultos, amenazas y provocaciones, buscando minar su autoestima, hay otra parte, la del ciberacosador que escasamente se tiene en cuenta.

Actualmente existen programas de prevención para la educación en la escuela, e incluso se han habilitado números especiales para denunciar el ciberacoso cuando este surge, de forma que puedan intervenir las fuerzas del orden para identificar al ciberacosador y poder detener su acción.

En menor medida existen programas guiados a ayudar a la víctima del ciberacoso, en ocasiones son asociaciones conformadas por víctimas que tratan de ayudarse entre sí, ante la falta de un programa específico para ello, a diferencia de lo que sucede con otro tipo de violencia, pero donde no parece que se hayan hecho muchos progresos es en el ámbito del acosador, ya que este siempre se ha considerado la figura "fuerte" pero ¿Se puede corregir al ciberacosador?

Esto es lo que se ha tratado de averiguar con un investigación realizada por la Universidad del País Vasco (España) publicado en la revista científica Revista de Psicología Clínica con Niños y Adolescentes.

En este estudio los autores optaron por informar sobre un caso único, es decir, n=1, un pequeño de 14 años, con historial como ciberacosador, el cual recibió una intervención denominada Cyberprogram 2.0 encaminado a reducir el ciberacoso.

Para comprobar los efectos del programa se evaluó antes y después de la intervención mediante el Cyberbullying para la determinación del tipo de acoso entre iguales; C.U.V.E.-R. (Cuestionario de Violencia Escolar Revisado) para determinar la frecuencia y tipo de violencia ejercida; el C.A.P.I.-A. (Cuestionario de Agresividad Premeditada e Impulsiva en Adolescentes) para diferenciar entre violencia impulsiva o predeterminada; el A.E.C.S. (Actitudes y Estrategias Cognitivas Sociales) para analizar el comportamiento social; el R.S. (siglas en inglés de Escala de Autoestima) para evaluar los sentimientos de autovaloración; el CONFLICTALK para evaluar el manejo de conflictos y para evaluar la empatía se empleó el I.E.C.A. (siglas en inglés de Escala de Activación Empática).

La intervención consistió en diecinueve sesiones de una hora cada una, aplicado durante seis meses, encaminado a cuatro objetivos, facilitar la detección del ciberacoso; identificar las consecuencias; desarrollar estrategias de afrontamiento; y desarrollar habilidades "compensatorias" para controlar la agresividad, como las habilidades sociales, la autoestima...

Los resultados muestran una reducción de la agresividad antes y después de la intervención, un aumento de la autoestima y de las estrategias de cooperación.

Hay que tener en cuenta que la principal limitación de este estudio es que se ha realizado con un único individuo, lo que da cuenta de la dificultad de la intervención, siendo necesario comprobar los beneficios en más menores antes de poder dar por válido la eficacia de dicha intervención.

Igualmente señalar que no se ha llevado a cabo un seguimiento al menor, ni observado si con posterioridad exhibía o no el comportamiento de ciberacoso.

A pesar de las limitaciones anteriores, cabe resaltar el esfuerzo por investigar un aspecto muchas veces olvidado, y es sobre la figura del agresor y cómo evitar que este siga ejerciendo su violencia, ya que, si bien la intervención en la víctima es fundamental, si no se trata al ciberacosador, este va a dejar tras de sí nuevas víctimas.

De ahí la necesidad de seguir profundizando en este tipo de investigación para tratar de da respuesta a un problema cada vez más presente en las aulas, que ha venido a sustituir en buena medida al acoso escolar.

<<¿Se puede tratar con éxito al acosador de ciberbullying?
Por supuesto, y en muchos casos simplemente con una intervención en el aula puede hacerse, sin necesidad de un tratamiento individualizado.
Lo más importante es trasladar la importancia de la agresión en cuanto a consecuencias para la víctima.
Aquí es muy importante, tanto para el agresor como para la víctima, el papel de los espectadores, es decir, del resto de alumnos y alumnas.>>
Dr. Abel González García, Director del Departamento de Criminología, U.DI.MA.

CAPÍTULO 8. ¿ES POSIBLE PREVENIR EL CIBERACOSO?

Una de las mayores preocupaciones por parte de los padres es evitar que sus hijos estén expuestos a los peligros del ciberacoso, de los cuales apenas sabe cómo protegerlos, más allá de decirle al menor que no esté demasiado tiempo conectado o con un "cuidado con quien hablas por Internet".

Hay que tener en cuenta que los que más sufren este Ciberacoso son los jóvenes y adolescentes, aquellos que, por su edad, desconocen y no son conscientes de los "peligros" de Internet.

Es por ello que las políticas de prevención deben de ir dirigidas a estas edades, donde se les enseñe qué es adecuado hacer en Internet, qué es un ciberacoso, y cómo denunciarlo, pues muchas veces los menores, expuestos al ciberacoso no saben a quién acudir o cómo hacer para frenar al acosador.

La correcta educación desde la escuela, e incluso por parte de los padres es fundamental para aprender a navegar de forma "segura", el problema es que en muchas ocasiones los progenitores no están lo suficientemente informados de qué es o cómo funcionan las redes sociales que manejan sus hijos, los canales de chats o I.R.Cs. que visitan, etc...

Entre las recomendaciones para prevenir el ciberacoso o ciberbullying y los efectos negativos que puede conllevar sufrirlo:

- Es importante que te comuniques con aquellas personas que conozcas, y que restringas a ella el acceso a tu información personal.

- No aceptes invitaciones por Internet de personas desconocidas o bloquea el acceso a aquellas que no te interesen.

- Ten cuidado con los mensajes, fotografías, vídeos o información personal (direcciones, teléfono...) que publiques y con quién la compartas, ya que podría ser utilizada por terceros en tu contra.

- Si empiezas a recibir mensajes insultantes o que te molesten en su contenido, corta toda comunicación con esa persona, e informa de ello a la autoridad competente.

- Guarda los mensajes inadecuados para poderlos poner a disposición de la autoridad competente para que actúe si así lo considera oportuno.

- Igualmente, si ves que es otra persona o compañero el que está sufriendo el Ciberacoso no participes de él ni cierres los ojos, avisa a tus padres o profesores para frenar el sufrimiento del bullied o acosado.

- No te fíes de los regalos o propuestas sospechosas de desconocidos, ni conciertes citas con desconocidos.

- No le "sigas el juego" al ciberacosador. Si te sientes presionado o insultado por alguien no devuelvas el golpe o le insultes tú, porque sólo conseguirás alargar el acoso o hacerlo más violento aún.

- Trata con personas que puedan estar preparadas, ya sea por su edad o por su profesión sobre el asunto, para que te dé indicaciones claras sobre los pasos a seguir para frenar el ciberacoso

- Sigue las orientaciones recibidas por ese experto, y suprime de tu red de contactos a quien no te interese mantener.
- También puede ser útil informar a los proveedores de servicios a través de los cuales se haya sufrido el ciberbullying (compañía de Internet, canal de chat, Facebook, Tuenti, etcétera) de las actuaciones o mensajes inadecuados para que veten dichos contenidos o al usuario acosador si lo consideran oportuno.

CAPÍTULO 9. EL CIBERACOSO A LOS PROFESORES

Aún recuerdo cuando me tuve que enfrentar por primera vez al sistema Moodle, gracias a la Universidad Isabel I, donde me formaron como profesor virtual, pude conocer que no era tan diferente a como se hacían las cosas en presencial, es decir, se podían usar documentos de Word, Pdfs y presentaciones de Power Point, pero todo eso tenía que ser programado y diseñado previamente, quizás lo que me resultó más complicado era el tema de la evaluación, la preparación de cuestionarios, y el diseño de pruebas con las que una vez superadas se podía acceder a la nueva lección.

Pero si de algo me di cuenta, es que los alumnos, que eran tanto nacionales como del extranjero, dominaban perfectamente la plataforma, mucho mejor que yo, y realizaban sugerencias e indicaciones al respecto.

Esto es probablemente porque la juventud desde pequeño ha tenido acceso a la informática, y lo ven como algo natural, de ahí que cada vez que surge un nuevo programa o plataforma, ellos las dominen más rápido y mejor.

Si ya de por sí, la enseñanza secundaria, se ha considerado durante mucho tiempo, como uno de los trabajos más estresantes de la función pública, a esto hay que añadirle ahora una de las realidades cada vez más frecuentes en las escuelas, el ciberbullying.

Si bien se ha trabajado mucho en los últimos años en cuanto a la detección e intervención en el acoso escolar, donde el profesor juega un papel fundamental, en el caso del ciberbullying no está tan claro ya que se trata de una conducta que ocurre en ocasiones fuera del aula.

A pesar de lo cual los profesores pueden detectar los primeros síntomas del ciberbullying y poner en sobreaviso a los padres e incluso mandar al estudiante al orientador escolar para que le ayude, pero para ello tiene que ser el docente quien conozca sobre los distintos tipos, causas, síntomas y consecuencias del ciberbullying, pero ¿Están los profesores preparados con el ciberbullying?

Esto es lo que se ha tratado de averiguar con una investigación realizada desde la Facultad de Educación Ataturk junto con el Centro d eEducación a Distancia y Ciencias Sociales de Vocación Escolar, Universidad Marmara (Turquía) cuyos resultados han sido publicados en la revista científica The Turkish Online Journal of Educational Technology.

En el estudio participaron cuatrocientos doce estudiantes de pedagogía, de los cuales el 71,6% eran mujeres.

Todos ellos respondieron a tres cuestionarios, el Personal Information Form, donde se recogía información sociodemográfica; el C.B.A.S. (Cyberbullying Attitude Scale), donde se analiza la actitud del docente hacia el Cibebullying; y el M.S.P.S.S. (Multidimensional Scale of Perceived Social Support), para estudiar el papel del apoyo social percibido.

Los resultados muestran que el 17,7% de los participantes llevan usando de 2 a 5 años Internet; mientras que el 74,5% lo llevan usando más de 5 años.

Empleándolo el 34,7%, 1 a 2 horas al día; un 35% entre 2 a 5 horas y un 16,3% más de 5 horas; siendo su uso en el 52,4% de los casos en redes sociales y un 25,7% relacionado con los estudios.

Además existen diferencias significativas en cuanto al ciberbullying en función del género, estando más expuestas a esta problemática las profesoras; y al contrario, en cuanto los profesores, ellos valoran y tienen mayor consdieración hacia el apoyo social percibido, lo que les permite sobrellevar mejor el ciberbullying en caso de que aparezca.

Hay que tener en cuenta que se requiere de nueva investigación en otras sociedades para poder concluir al respecto, debido a la idiosincrasia del pueblo turco.

Igualmente, los pedagogos no son los únicos docentes que deben de ser formados en ciberbullying, sobre todo en educación intermedia y superior.

Una realidad que como se ha comentado es cada vez más frecuente en las aulas, y para las que se deberían de preparar todos los profesores, tanto para la detección como para la intervención, o al menos que sepan los mecanismos regulados para derivar al alumno del que tiene sospechas que está siendo acosado para que se le pueda dar una solución lo antes posible.

Aunque este estudio no lo abarca, también existe una realidad de la que escasamente se habla y es cuando el ciberbullying lo padecen los propios profesores.

Igual que en el caso de los alumnos, deberían de existir mecanismos para intervenir, y con ello frenar la propagación de acusaciones falsas, comentarios despectivos o cualquier otro ataque que sufra un profesor, evitando así que se convierta en una situación de ciberbullying.

Algo que no se había observado con anterioridad, quizás debido a que las nuevas tecnologías no estaban tan presentes en la escuela, o porque al profesor se le procesaba cierto nivel de respeto.

Pues bien, parece que esta barrera del respeto a la edad, o a los conocimientos se ha perdido, y ahora son los alumnos los que critican, se burlan y hasta acosan a los profesores.

Hay que recordar, que en muchos casos los profesores son migrantes informáticos, es decir, han tenido que aprender a la fuerza sobre las nuevas tecnologías, pero en cambio, sus alumnos son más diestros en estos usos, considerados nativos tecnológicos.

Ellos chatean o wahssean en clase, por lo que los profesores tienen que tomar medidas al respecto. Pero también son estos los que se convierten en objetivo de mofas, burlas e incluso insultos, a través de las redes sociales, pero la situación no se ha quedado ahí, en ocasiones, los profesores son agredidos por sus alumnos tanto verbal como físicamente, grabados en vídeos, y subidos estos a Internet y compartidos por las redes sociales como "gracia" y para ridiculizar al profesor.

La llegada de este fenómeno ha hecho que aumenten las bajas de profesores agredidos y acosados por sus propios alumnos, los cuales lejos de modificar su comportamiento, cuando le ponen un sustituto vuelven a actuar de igual forma contra el nuevo.

Desde algunas instituciones judiciales se está intentando ver la manera de perseguir y penar estas conductas, pero en contra está el que en la mayoría de las veces son menores, y los padres les defiende diciendo que son chiquilladas, inconsciencias de la juventud. Con lo que aumenta la permisividad para volver a repetir dicha conducta.

Son muchos los que utilizan los foros o los chat para "desahogarse" de tal o cual profesor, pero no existe un límite claro ente el desahogo y el insulto o incluso el acoso. Un problema social del que todavía no se tiene respuesta adecuada para ello, pues no se puede expulsar a toda una clase, por haber insultado y vejado a un profesor, ni tampoco se les puede poner ningún tipo de sanción más allá del ámbito escolar.

La libertad de expresión, es otro de los argumentos empleados por los padres, que lejos de preocuparse por esta situación, quieren que su hijo acabe los estudios cuanto antes, aprenda o no.

Algunas iniciativas jurídicas han intentado devolver al profesor la categoría de autoridad perdida, equiparándola a la de un policía o un juez, de forma que, si alguien le agrede, ya sea un alumno, o incluso un padre, es como si estuviesen pegando a un policía o un juez. Lo que hace que las sanciones sean mucho mayores y más serias, que solo las amonestaciones que recibían con anterioridad.

Igual que en el caso del Ciberacoso entre alumnos, la policía tiene un papel fundamental a la hora de descubrir la identidad de los ciberacosadores y de poner en conocimiento de los juzgados aquellas actitudes que están fuera de la ley, para que actúen al respecto.

CAPÍTULO 10. VIOLENCIA D GÉNERO DIGITAL

A continuación transcribo entrevista realizada a Dª Encarni Iglesias Pereira, Presidenta en Asociación "Stop Violencia de Género Digital" quien nos descubre las claves de esta modalida de ciberacoso:

- ¿Qué es la Violencia de Género Digital?
Es toda aquella violencia, que se sufre por medios digitales o telemáticos.

- ¿Qué distingue la Violencia de Genero Digital de otras violencias?
El medio por el que se sufre la agresión. Tampoco el tipo de agresión es la misma, hablamos de temas sicológicos muy importantes que son los que se derivan de este tipo de violencia. No tenemos que olvidar la gran difusión y la rapidez con la que se propagan las cosas por internet.

Pensemos que, ante un caso de difamación, por ejemplo, en pocos minutos pueden ser muchas las personas que ya lo hayan visto

- ¿Qué incidencias de casos de Violencia de Genero Digital se producen en la actualidad?
Actualmente son muchísimos los casos, que se están denunciando por Violencia Digital en todos los ámbitos. Aunque el más grave bajo nuestro punto de vista es el tema del Ciberbullyng.

- ¿Cuáles son los síntomas para detectar que se sufre Violencia de Genero Digital?
Son muchas las ocasiones, que nos encontramos en que la persona no es consciente que está sufriendo Violencia Digital, cualquier tipo de acoso, difamación, suplantación de identidad etc.… que se sufra puede ser denunciable.
El desconocimiento en muchas ocasiones respecto a las nuevas tecnologías, es lo que mayoritariamente lleva a pensar a la gente que por las redes vale todo. Os aseguro que las redes no son Anónimas, todo deja huella digital.

- ¿Qué consecuencia entraña la Violencia de Genero Digital?
Es un daño sicológico brutal. Todavía en la sociedad actual, a los maltratos sicológicos no se les da la consideración necesaria.

- ¿Se puede prevenir la Violencia de Genero Digital?
Sinceramente no creo que se pueda evitar. Podemos protegernos e intentar navegar por internet de manera segura. Lo que si ocurre, que cuando tu conoces el funcionamiento y navegas de una manera segura, te sientes mucho más fuerte, y esto conlleva el que si en un momento dado sufres o intuyes algo cortes con ello de raíz.

- ¿Qué es Stop Violencia de Genero Digital?

Stop Violencia de Genero Digital, es una Asociación que nace ante la gran problemática de la sociedad actual con los ataques digitales. Como en la mayoría de las ocasiones, la asociación nace después de una muy mala experiencia personal, en la cual me vi totalmente desamparada por el gran desconocimiento que la mayoría de las personas y hasta los cuerpos y fuerzas de seguridad del estado tienen sobre estos temas.

- ¿Cuales son los objetivos de Stop Violencia de Genero Digital?
Que todo el mundo tenga donde acudir si esta sufriendo cualquier tipo de violencia digital.

- ¿A quién va dirigido Stop Violencia de Genero Digital?
A todas aquellas personas que están sufriendo cualquier tipo de Violencia Digital.

- ¿Quién compone Stop Violencia de Genero Digital?
La asociación, esta formada mayoritariamente por Peritos Informáticos, aunque también contamos con Abogados, psicólogos, detectives, trabajadores sociales etc.,.... la verdad es que contamos con un numero muy amplio de profesionales en diferentes áreas que colaboran en la asociación.

- ¿Viene a cubrir Stop Violencia de Genero Digital una demanda de la Sociedad?
Sin lugar a dudas, que no se olvide nadie que estamos viviendo la era digital, para lo bueno y lo malo.

- ¿Qué actividades o actuaciones realiza Stop Violencia de Género Digital?
La asociación se centra en que lo primordial es la educación. Realizamos charlas en todos aquellos centros que nos lo piden, para intentar concienciar desde una edad temprana de los peligros que conlleva internet.
También nos centramos en la formación de profesionales, tenemos que ser muy conscientes que el tratamiento hacia personas que están sufriendo cualquier tipo de maltrato, tiene que ser muy delicado, y seguir un protocolo correcto.

También colaboramos con otras asociaciones en talleres, charlas, etc. Todo esto aparte de asesorar y ayudar a las personas que nos lo requieren.

- ¿Cuales son los logros alcanzados en Stop Violencia de Género Digital?
Estamos muy ilusionados, con la sensibilización que provocamos en los centros escolares sobre todo, si se conciencia a los niños de las buenas practicas, estamos previniendo futuras victimas, y también a futuros agresores.
También el reconocimiento de personas tratadas en nuestra asociación nos gratifican enormemente.

CONCLUSIONES

A pesar de la brevedad de esta obra se han expuesto en ella los puntos más destacados sobre una temática de creciente preocupación sobre todo en el ámbito educativo y a edades cada vez más tempranas.
Contando para ello con la colaboración de destacados profesionales del sector.

SOBRE JUAN MOISÉS DE LA SERNA

Es Doctor en Psicología, Master en Neurociencias y Biología del Comportamiento, y Especialista en Hipnosis Clínica, reconocido por el International Biographical Center (Cambridge - U.K.) como uno de los cien mejores profesionales de la salud del mundo del 2010. Desarrollando su labor docente en distintas universidades nacionales e internacionales.

Divulgador científico con participación en congresos, jornadas y seminarios; colaborador en diversos periódicos, medios digitales y programas de radio; autor del blog "Cátedra Abierta de Psicología y Neurociencias" y de diecisiete libros sobre diversas temáticas.

Actualmente desarrolla su labor de investigación en el ámbito del Big Data aplicado a la Salud, para lo cual trabaja con datos provenientes de la India, EE.UU. o Canadá entre otros; labor que complementa con la asesoría a Startups tecnológicas orientadas a la Psicología y el Bienestar personal.